TERCEIRO FILHO

Geni Guimarães

TERCEIRO FILHO

Todos os direitos desta edição reservados à Malê Editora e
Produtora Cultural Ltda.
Direção: Francisco Jorge & Vagner Amaro

Terceiro Filho
ISBN: 978-65-87746-79-1
Capa: Dandarra de Santana
Diagramação: Maristela Meneghetti
Revisão: Louise Branquinho

Texto revisado segundo o novo Acordo Ortográfico da Língua Portuguesa.
Proibida a reprodução, no todo, ou em parte, através de quaisquer meios.

DADOS INTERNACIONAIS DE CATALOGAÇÃO NA PUBLICAÇÃO (CIP)
(Câmara Brasileira do Livro, SP, Brasil)
Vagner Amaro CRB-7/5224

G963t	Guimarães, Geni
	Terceiro Filho / Geni Guimarães.
	Rio de Janeiro: Malê, 2022.
	136 p.; 21 cm.
	ISBN 978-65-87746-79-1
	1. Poesia Brasileira 2. Literatura brasileira I. Título.
	CDD – B869.1

Índice para catálogo sistemático: I Poesia Brasileira. B869.1

Rua Acre, 83, sala 202, Centro. Rio de Janeiro
www.editoramale.com.br
contato@editoramale.com.br

SUMÁRIO

Apresentação 9
Agradecimento 11
Em memória 12
Você é responsável pelas alegrias que provoca 13
Meu grande pequeno mundo 15
Sem portas, sem janelas 17
Palco da vida do crioulo pobre 19
Reflexão 21
Constatação 22
... Pensei 24
Falta de inspiração 26
Pensamento 27
Momento de reflexão 28
Busca 30
Linguagem do olhar 32
Eterno princípio 33
Todas as estações deveriam ser primavera 35
Criação 36
Missão cumprida 38
Repetição 40
Meu mundo 42
Droga... Que droga, bicho? 44
Gente que passa pela vida da gente 46

Quero que me entendam 48
Palavras 49
Vendedores de ilusão 50
Tempo 52
Contou-me um velho 53
Consequência 54
Final de buscas 55
Morte 56
Dia de balanço 58
Crise 60
Reflexão 62
Pedido 63
Apressa-te, brisa! 65
Livre 67
Por obséquio, um pouco de perfume 69
Transformação 70
Reflexão 71
Renascimento 72
Posse 74
Dúvida 76
Palavra que não se diz 78
Falando de amor 79
Acontecimento 80
Dia noite, noite, dia, dia noite 81
Orgulho 83
Presença 84
O que digo e o que dizem 85
Reflexão 86
Mãos vazias 87

Meus dias felizes	89
Soneto para quem diz adeus	91
Meu pai... Minha raiz	92
Meu fadário	94
Céu jardim	95
Contradição	96
Alegria de ser	97
Reflexão	98
Tereza molecada	99
Interrogação	101
Poeta moderno. Louco.	103
Livre! Livre! Livre	105
Anúncio	107
Paisagens tristes	108
Cena	109
Quem morreu	110
Casa triste	111
Preto, vermelho e finalmente azul	112
A mais bela das contemplações	113
Comunhão	115
Você	116
... E o guerreiro tombou em terras estranhas	117
Para ser mulher	119
Noite	120
Hora de visita	121
Queda	123
Amores de minha vida	125
Indiferença	126
Ponto final	127

Repetição 129
Banalidades 131
Posfácio – Da poesia como partilha: sobre *Terceiro Filho*, de Geni Guimarães 132

APRESENTAÇÃO

É no dia a dia, no cotidiano que está a poesia. A autora deste livro não desmente a assertiva. Já no poema inicial "Agradecimento" se deslumbra a origem de sua arte: "Viu, / Na seleção dos meus versos para este livro, eu me lembrei: / ... Não nasceria este livro se não existissem meus poemas, / Não existiriam meus poemas se não existissem vocês". A poesia nasce por "Vocês" e da "Constatação" do que ela, autora, "espinho", "pedra", "bagagem dos caminhos", vive cotidianamente.

Abdicando, na maioria dos poemas, da concepção tradicional de poesia, a artista assim justifica a sua arte: "Livre como um filhote rebelde, / Como um órfão moleque, agora eu saio. / Abaixo os versos contados e medidos, / o verso, a poesia, não tem lei / Não existe regra para brado íntimo, / Nem censuras para um poema. / Se o pensamento é infinito e os fatos, constantes, / Como prensá-los na pequenez de um verso? / ... Na liberdade de meu verso eu vibro, / Eu amo, eu canto! / Eu me completo e completo o meu poema. / Eu sou gente, eu sou mulher, eu sou criança / Livre!!!" ("Livre").

Vazados numa linguagem simples e despojada, os textos de *Terceiro filho* centram-se sobretudo na mensagem, e é para esta mensagem que chamamos a atenção dos leitores.

Drummond, o poeta maior, diz em seu "Poema da Necessidade": "É preciso viver com os homens, / é preciso não assassiná-los, / é preciso ter mãos pálidas / e anuncia O FIM DO MUNDO. Na visão drummondiana é necessário ser sensível, ser poeta (ter mãos pálidas) para captar a incomunicabilidade humana (anunciar O FIM DO MUNDO). Esta sensibilidade, própria dos poetas, Geni a tem. Veja-se por exemplo o poema "Casa Triste", que enfoca magnificamente o drama da desumanização do homem moderno. A oposição casal e vaso utilizada na 4ª estrofe põe a nu a incomunicabilidade e a perda do humano do homem de nossos dias, embora uma multidão do objetos acumulados durante anos o rodeie. O casal, indiferente diante da TV, contrasta vigorosamente com o objeto humanizado, o vaso "de boca aberta, esperando uma flor".

A observação do dia a dia, fonte primeira de inspiração da autora, resulta em poemas deliciosos que evidenciam a beleza do rotineiro e do banal. É o caso de "Dia Noite, Noite Dia, Dia Noite", "Banalidades" ou mesmo "Paisagens Tristes".

A autora não falece visão de mundo, de época e de problemas humanos. E tanto não falece que em alguns poemas denuncia a escravidão, a irracionalidade a que está submetido o ser humano. Como em "Transformação": "A pedra tornou-se criança educada. / Ficou quedada, / Parada, / Escrava, / Dominada. / A insistência da gota deixou a pedra triturada". Ou mesmo as injustiças dos regimes que em "Terras livres" sufocam o homem, concedendo-lhe licença, às vezes, apenas para "leis sentimentais" ("Livre! Livre? Livre").

Temas outros como o amor, a vida, a morte e a crença inabalável em Deus, princípio este que anima a tríade vida, amor e morte ("Eterno Princípio"), cantados com sensibilidade, tornam a leitura deste livro agradável e necessária a todos aqueles que apreciam a poesia.

Apraz-me, pois, apresentar esta nova artista ainda desconhecida do público das letras e recomendar sua criação *Terceiro Filho*. A sensibilidade e as sutilezas que emanam de seus poemas certamente encantarão o público leitor, assim como encantaram a mim.

Jaú, agosto de 1979.
Cacilda de Oliveira Camargo

AGRADECIMENTO

Viu, na seleção dos meus versos para este livro, eu me lembrei:
de você, meu amigo,
de você, minha mãe,
de você, meu pai,
de vocês, meus filhos,
de você, meu amor.
Lembrei-me
de você, senhora de cortiço,
de você, moleque de rua,
de você, colega de trabalho,
de você, meu excepcional.
Lembrei-me porque
não nasceria este livro se não existissem meus poemas,
não existiriam meus poemas se não existissem vocês.
Obrigada.
Vocês me ajudaram na criação do meu terceiro filho.

EM MEMÓRIA

Não foi político o meu pai.
Foi por quem fizesse justiça com organização.
Não foi pelo futebol;
foi pelos feitos gloriosos de Pelé.
Não amou a Deus simplesmente:
amou-se a si mesmo por se acreditar instrumento do Senhor.
Não foi tão somente meu pai:
foi meu amigo, meu confidente,
meu irmão.
Não entendeu as mensagens simbólicas dos meus versos,
mas amou acima de tudo,
porque amou meus poemas sem mesmo entendê-los.
Enfim, amou-me infinitamente, sem explicações.
Pai, se eu sou este livro, nada mais justo: este livro é seu.

Geni

VOCÊ É RESPONSÁVEL PELAS ALEGRIAS QUE PROVOCA

Estou grávida, pensei com dúvidas.
Positivo, confirmou-me o teste.
Positivo, confirmei para mim.
Afaguei-me o ventre, cresceu-me o coração,
estufei a barriga, me soltei na cidade,
espalhando a notícia, e me justificava:
espero bebê.

Afaguei com carinho a cabeça de um engraxate que passava.

Fiz planos para o meu feto,
seria na certa pessoa de bem:
doutor, sapateiro, engraxate, lavrador,
profeta, carpinteiro, jornalista,
padre, político, gerente, maquinista,
açougueiro, comerciante, orador.

Sonhei no meu sonho, gerando no ventre um homem de bem.

E o meu filho nasceu!
Inspirou o meu verso,
enfeitou o meu quarto,
dividiu minha vida,
quebrou minha rotina.

Deu-me a graça suprema de sentir-me árvore.

Não pensei para o Cris, um momento sequer,
um fruto incolor, semente estragada.
Não vi no meu filho um marginalizado,
um jovem ladrão, vadio, assassino.
Não me vi dando ao mundo um filho viciado!

    Filhos!

    De todas as mães,
    de todas as cidades,
    de todas as vidas,
    de toda a Terra,

Se você não soube ser engraxate,
profeta, carpinteiro, jornalista,
padre, político, açougueiro, orador;
se você não fez nada,
somente estragou esperanças de amor,
não cabe nos planos de fé,
não foi responsável.
Você não merece o ventre que o gerou.

MEU GRANDE PEQUENO MUNDO

Trêmulas mãozinhas agarram pincéis,
constroem no papel desenhos esquisitos:
cabeças quadradas, corações compridos,
braços arredondados, perninha em círculos.

E elas se perdem, palermas, incertas,
espremendo massinhas nas pontas dos dedos.
Vão os olhinhos tristes, esbugalhados,
procurando o nada nos cantos da sala,
encontrando Deus no vazio do espaço.

... Meus amados excepcionais...

De repente, uma crise;
um gemido fininho
quebra o "fio da meada" do meu ensinar,
atrapalha os desenhos esquisitos, quadrados,
redondos, achatados.
Meus amados excepcionais.

Membros que se torcem, se encolhem,
sujam-se na baba na sala caída.
Olhos que se vidram, se perdem perdidos
na estranha estranheza da vida.

Alguns minutos apenas.
A crise termina,
voltam as mãozinhas a machucar a massa,
vão novamente os olhos esbugalhados
à procura do nada nos cantos da sala,
ainda encontram Deus no vazio do espaço.

SEM PORTAS, SEM JANELAS

Pés descalços, peito nu,
lá vai o Niva pra escola da rua.
Negrura na pele, destreza nos gestos,
a gente nem sabe
se a imagem da criança
é grito de alerta
ou sinal de esperança.

Lá vai o Niva pras coisas da rua,
brincando e brigando,
brigando e batendo.
O corpo indomável, sem lei, sem conselho,
resolve na raça a disputa de um jogo,
devolve dobrado os chutes que ganha.

É o que o Niva aprendeu nos cursos da vida,
os truques mais fortes de autodefesa.
Os meios mais fáceis de vencer tristeza.
E a alma tranquila, inquieta, feliz,
sente-se raiz da mãe natureza.

E o Niva é amado, temido, odiado,
até invejado por muitos meninos,
cuidados, levados, super educados
e asfixiados por excesso de zelo.

E um dia que o Niva
passava vadio, comendo faminto
um pedaço de pão,
eu vi um menino
limpinho e cheiroso
olhá-lo com inveja
através das grades de um imenso portão.

PALCO DA VIDA DO CRIOULO POBRE

Nasceu à toa, sem riso e sem festa,
filho de preto, mas bebê mulato,
adivinhou a sorte e chorou muito alto.

Foi essa a primeira cena do primeiro ato
no palco da vida.

Perdeu os pais, ficou sem família,
caminhou só no deserto do mundo.
Perdeu-se nos cais, vagou a esmo.
Sempre consigo, e só consigo mesmo.

Foi a segunda cena do segundo ato
no palco da vida.

"Sem queijo e sem faca" o crioulo crescia,
não pôde ir à escola, mas a rua servia,
como a existência, a pele escurecia.
Homem se fez, sem fé, sem amigos,
sem lua, sem sol, sem luz, sem abrigo.

Viveu a terceira cena do terceiro ato
no palco da vida.

Fez-se amigo inseparável da cachaça,
única coisa que lhe davam sem ser pago:

Não por pena ou por bondade,
mas para crioulo embriagado.
E onde estava ele, lá se via ela:

Na rua, no quarto, no bar, na calçada,
na fome, na sede, na dor, na miséria,
morte-mulher em gota disfarçada,
má companhia, namorada sincera.

Foi a quarta cena do quarto ato
no palco da vida.

Ele a amava demais, e nas horas de dor,
tinha-a ali, passiva e fria,
mas o crioulo nem pensar sabia,
pois, senão, iria ver que ela própria o mataria.
Até que um dia o encontraram morto,
quedado e frio, inútil, absorto.
Ao lado sorria a namorada querida,
do mesmo modo, passiva e fria.

Foi a última cena do último ato
no palco da vida.

REFLEXÃO

Descansando, pensei que estivesse perdendo tempo.
Nesse meio tempo, vi que muito havia aproveitado o tempo,
porque falei comigo e acabei gostando muito mais de mim.

CONSTATAÇÃO

Me desiludiram os rios.
É que por entre o azul das águas
percebi que o limbo me envolvia,
e me deram a tristeza do logo,
cobrindo-me o corpo, sugando-me os pés.

Fugi para o silêncio das montanhas
a fim de beber a pureza dos ares.
Vi que as pedras paradas, caladas,
despencaram das alturas e me atacaram
sem palavras. Inexplicável agressão.

Deixei as pedras das montanhas,
refugiei-me num jardim em primavera,
mas, na colheita das rosas,
senti que os espinhos me espetaram
e disfarçadamente sangraram-me as mãos.

Defendendo-me das pedras das montanhas,
do lodo dos rios,
dos espinhos das flores,
pude ver que a montanha é falsa,
que o rio engana,
que a rosa perde pétalas no toque das mãos.

Transportei-me para a minha dimensão
e me encontrei comigo.
Despi-me para uma autoanálise.
Concluí a autoavaliação:
longe dos rios me tornei o lodo,
fugindo das rosas me tornei o espinho.
Sou pedra sem montanha,
sou bagagem dos caminhos em que andei.

... PENSEI...

Sempre tive a certeza
de que rosa sempre seria rosa,
acreditei que na véspera da partida
eu teria um interior sorrindo
e uma tristeza imensa por deixar a vida.

Pensei que não passaria,
mas que permaneceria
no voo das aves,
nas coisas que eu tocasse,
na vontade que eu sempre tive
de mostrar a todos porque nasci,
como faço parte da massa,
doendo, seguindo, nascendo e morrendo,
para chegar ao fim predestinado,
mostrando que eu sou o conteúdo,
não a carcaça.

Pensei em meu fim,
com um diálogo nos olhos,
um roçar de ventos nos pés,
um coração aberto,
e não exagerando nas exigências das mãos,
ter a certeza dos dedos apontando
para curtas distâncias,
mas indicando sempre um ponto certo.

Mas... o tempo e as pessoas
me deixaram tristemente perceber
que o vento nem sempre é suave,
que dedos não são, infelizmente,
um sinal de chegada segura,
mas um completo efêmero,
prolongamentos simples da matéria.

E eu que quis ficar pra ver a lua,
para saber que rosa é rosa,
eu que tanto esperei da vida,
vi que meu riso passou com meu sonho,
hoje tenho pressa de chegar
porque nada tenho a esperar,
a não ser a graça da partida.

FALTA DE INSPIRAÇÃO

Eu quis fazer poesia,
mas procurei estrelas... era dia,
busquei o sol... foi inútil. Chovia.

Num jardim, entrei devagarinho,
procurei flores... só havia espinhos,
dei mais um passo, perdi o caminho.

Procurei o amor por todo o dia,
chegando à casa... já dormia.
Bati à porta... esta não se abria.

No ano velho, eu quis doravante
buscar inspirações, seguia adiante,
correndo entre a turba gigante.

Já quase a transpor o último estorvo,
disse-me uma voz saída do povo:
"É meia-noite". Feliz ano novo!

PENSAMENTO

Assim como o vento, o pensamento passa,
buscando e levando sempre o fim de um começo,
e no tempo se perde inexoravelmente,
pelos vales e montes, contínuos tropeços.

E tudo passa. Tudo repentinamente,
como o vento que chega frio e também frio parte,
mas viveu feliz, imperou fascinante,
desempenhou naturalmente a sua arte.

Assim é o pensamento, assim chega, assim parte:
chegando, traz o frio de um triste passado,
um tempo que foi muito mal empregado.
Quando se vai, leva, arrasta o sofrimento,
mas os dias se sucedem e o amanhã
volta e traz consigo um novo pensamento.

MOMENTO DE REFLEXÃO

Se...
Deus existe com sua misericórdia e com sua justiça,
não me preocupo com o que há de vir,
nem com o meu lugar além daqui.
Porque...
neste mundo em que vivo,
do modo que as coisas são e estão,
eu vivo do modo que me é possível viver.

....

Descansando, pensei que estivesse perdendo tempo.
Nesse meio tempo, vi que muito havia aproveitado o tempo,
porque falei comigo e acabei gostando muito mais de mim.

....

Nada existe o que não possa fazer; que não tenha um modo de
[solução.

....

Porque até o impossível é, na realidade, uma resposta para todos
[os problemas.

....

Não há necessidade de passadas longas, é necessário, sim, que não
[fiquemos parados.

....

Afinal,
onde andarão durante a noite
os pensamentos nascidos na extensão do dia?

BUSCA

Está nascendo alguma crença em mim...

Eu cria nos acontecimentos fatais.
Sempre vi no fim indecifrável das coisas
uma malfeitoria costumeira da natureza:
hoje eu acordei!
Desprezei o desprezo que eu sentia pela mãe das chuvas
e me desculpei diante dela.

Este brilho que eu vejo.
Este claro que eu sinto
não pode ser tão forte nem revirar os jatos,
como eu os vejo revirados.
Então nasceu um deus para eu crer.
Eu o encontrei sentado, brincando de rodar o mundo
na ponta do dedo.
O encontrei soberbo, forte, temível,
um Deus como ele só.
Um senhor de Sansão, um rei de Aquiles,
enfim, um Deus real, deus dos sábios,
Deus daqueles que abraçam a razão
E não desculpam suas ações por ser deus.

Mas este deus não satisfaz uma mente desenvolvida,
que tateia obscura à procura de paz,
implorando explicações,
mendigando apoio:

Este deus eu não quero!
Eu quero a cegueira dos olhos vendados,
a ignorância das mentes atrofiadas.
Eu quero o Deus dos cegos,
eu preciso do Deus dos conformados,
eu reclamo o Deus dos imbecis!

LINGUAGEM DO OLHAR

Por mais que se aprofunde a ciência pela vida,
que venha o sábio toda esfinge desnudar,
não se encontrará jamais força desmedida
capaz de esconder o que diz um olhar.

Por mais que diga o assassino: – Eu nunca matei,
a cupidez da liberdade que reclama
trará à frente do olhar que teme a justa lei,
a culpa tenebrosa, terrível, profana.

E nenhum cientista poderá contar um dia,
da voz do olhar, o segredo, nem o poeta em poesia,
na inspiração, encontrará um definir correto.

Não é preciso que te justifiques quando erras,
e nem alguém jurar que teu amor é justo e discreto,
pois este alguém no teu olhar saberá ler por certo.

ETERNO PRINCÍPIO

Deus,
nascimento, choro, riso,
destino.
Paz, criança, festa,
menino.

Ritual, batismo, reza.
Troféu.
Flores, luxo, riso,
olhos vendados,
ignorância. Céu.

Pausa. Adolescência, alerta.
Brilho ilusório.
Sentimentos, idílios, ruínas,
lágrimas tolas,
dúvida. Purgatório.

Mocidade, vida, ira,
frio, inverso.
Revolução, guerra, cabeça
... E mãos.
Doença. Inferno.

Inércia, velhice, recordação,
Infância nova.

Revolta, cabeça... E mãos.
Descanso doido,
tempo de sobra.

Padre, rosário, prece.
Extrema unção, ateus.
Convertidos, comédia última,
perdão, castigo,
tudo e nada.

Deus.

TODAS AS ESTAÇÕES DEVERIAM SER PRIMAVERA

Todos os dias deveriam ser das flores,
todos os atos, todos os sons e gestos,
porque eu creio que, em profusão de cores,
foge a coragem de ser desonesto.

Que o piso do chão, que a laje do teto,
surgissem partindo de tanto florir,
que nua criança com frio de afeto
pudesse entre flores tranquila dormir.

Que hospícios, mansões, cadeias, favelas
se achassem entre flores, no espaço perdidos,
e rosas sorrissem por entre janelas,
orquídeas brancas ornamentassem vidas.

E os olhos ferem, criticam, condenam
e se abrem somente às coisas escabrosas,
fechassem-se à vida e, em tardes serenas,
se abrissem chorando pétalas de rosas.

CRIAÇÃO

Eu não inventei terremotos e guerras,
nem dores, nem ódio, nem gritos.
E os lamentos e conflitos também eu não os inventei.
E não semeei a erva maldita,
não criei a bomba (a bomba que mata),
não criei o coração (a bomba da vida).
Eu não quis a fome nem a desavença,
não sou culpada se existe descrença.
Eu não fiz com que o homem perdesse a ração.
Estes males eu não os fiz e você também não.
Então os terremotos e guerras,
todo o horror que há na terra,
foi Deus quem os criou!
E eu não vou mudar o que está feito,
porque se Deus é Deus, Ele não errou.
Mas também não criei o Belo existente:
eu não tingi de branco o raiar do dia,
não criei a bondade nem a poesia.
Eu não colori as rodas vermelhas,
não construí favos nem fiz as abelhas,
pois o imperfeito não cria belezas.
Se esses bens eu não os criei e você também não,
foi Deus quem fez o belo na natureza!
Então Ele está no bem e está no mal.
Se com Deus eu estou compondo,
também com Deus alguém está chorando.

Se aqui eu estiver a lamentar,
deve haver por aí alguém a contar:
se quando eu choro, riem,
quando alguém sofrer também não vou chorar!
Se o mundo gemer e em dor se esvair,
vou fechar os olhos, tapar os ouvidos,
vou pensar em Deus, e pra não ficar louca,
eu vou morrer de rir.

MISSÃO CUMPRIDA

Diz a história, a discutida história,
que para alguma tarefa aqui viemos.
Que os fatos e feitos, medidos e pesados,
nos preparam à passagem para a outra vida.
E a alma bondosa, humilde, serena,
só sai depois de uma missão cumprida.

E ganha o paraíso o homem que passou
pacificamente dando, se esvaindo em fé.
Aquele que fez da sua caminhada
um sangrar sem dor, um chorar sem lágrimas,
que, sem proteção, amor e carinho,
transpôs com calma as pedras do caminho.

Ameniza tudo. Humilde, até perdoa
a boca que blasfema, a mão que esbofeteia,
a raiva dos injustos. Aceita e cumpre ordens,
vira lebre, lesma, pato, gato, cão.
E vai pela vida, sorrindo desculpas,
em pé. Quase sem cabeça. Cheio o coração.

E eu sei de gente que nas aulas da vida
nunca soube qual o conteúdo da missão.
Sei de quem nunca deu por não ter,
mas que ainda tem pés, cabeça e oração.
Que nunca sentiu um gesto de amor
e jamais pôde crer no perdão.

Estas pessoas que não têm para dar,
que rastejam porque não sabem andar,
que o duro da vida e as dores sofridas
roubam-lhes a razão,
no acerto de contas, no ponto final,
para onde irão?

REPETIÇÃO

A vida nada mais é do que repetição
de noites e dias.
Noites idênticas
e dias iguais.
Noites em que se consta cada badalada
de um velho relógio.
Cada suspirar,
cada apito de trem,
cada bater do coração.
Enfim, noites em que não se dorme.
Dias que caem depois de cada lua,
depois de cada orvalho,
antes de cada sol
e ao meio-dia.
Dias que se arrastam vagarosamente,
e que o sol caminha,
e aquece plantação,
e dobra montanhas,
e morre nas entranhas
do horizonte.
Seis horas.
E a nova noite em que os olhos se vidram,
em que o sono foge,
em que a mente queima,
em que as chagas ardem.
E depois... Novo dia que nasce,

Depois de cada lua,
depois de cada orvalho,
antes de cada sol.
E o sol que se põe novamente,
escondendo da noite, surgindo outro dia,
mas, na verdade,
é sempre a mesma noite,
é sempre o mesmo dia.
Só os povos mudaram,
as coisas se arrastaram,
o resto mais ficou...

MEU MUNDO

Eu quis fazer um mundo para mim.
Plantei com carinho brancos jasmins,
pus céu sem chuva, brancos jasmins,
pus céu sem chuva. Felicidade
em cada canto, para que neste meu mundo
não nascesse desencanto.

Plantei orquídeas, cravos, margaridas,
semeei alegria, fiz poesia
para as horas infindas de sonhar.
Quis meu mundo um jardim.
Arranquei as mudas de saudades,
que não sei por que maldade,
quiseram nascer.
Fiz um grande muro para separar
meu mundo, feliz e fecundo,
das coisas horríveis que eu vi
nascerem e frutificarem em outro mundo.

Mas, junto ao muro do meu mundo,
plantei trepadeiras, e nas tardes inteiras,
passei a regá-las.
Mas, na primavera, quando todas elas
surgiram verdinhas,
escalaram o muro, e as rosas faceiras
floriram felizes no quintal do vizinho.

E eu, que as plantei com tanto carinho,
só vi os espinhos no mundo que eu quis.
Olhei por sobre os obstáculos,
meu mundo fora do meu caminho.

Senti um imenso prazer,
é que eu soube fazer um mundo para alguém ser feliz.

DROGA... QUE DROGA, BICHO?

Você sabe, cara, o que é ir sem medo de
que alguém te analise?
Você sabe, bicho, o que é poder andar
no meio do povo dizendo bom-dia
sem pensar que os tiras vão te dedurar?

Você sabe, cara, o que é ter amigos
e levar com eles um papo pra frente,
contar sua vida e botar pra fora
os problemas que tem, alegrias que sente?

Venha cá, cara, eu sei que não dá,
palavras te mostram e você, amigo,
não te pode mostrar.
Manja bem: Você é anônimo! Você é segredo!

E ser segredo é estar escondido, abafado,
não ter cor, nem forma, nem gosto,
nem cheiro. É não ter nome.

Você simplesmente não está. Você não é homem!

Você pode entrar na minha que eu tô numa boa,
vê se vira gente, vem curtir comigo.
Seu pela poesia, pelo amor e verdade.
Eu tenho cor, existo!
Tenho forma, eu vivo!

Vê se curte a vida,
faça uso da sua mocidade.
Não seja apenas uma desculpa na terra.
Você pode nascer amanhã
e ser um presente para a sociedade.

GENTE QUE PASSA PELA VIDA DA GENTE

Tanta gente por minha vida passou,
gente que passa e que a gente quer esquecer que amou.
Mas a ferida não cicatrizada,
a gente jura que não dói, mas sente.

A primeira passou por mim. Passou suavemente,
mas feriu-me o peito de sentimental.
Talvez seja por que meu coração fiel
tenha ainda a crença ingênua
de um amor sincero e natural.

A segunda chegou, e pela indiferença
da primeira descrença eu a deixei ficar.
Mas foi-se também, porque, por mais que um coração
se encontre desordenado e ferido,
exala sempre um último gemido.

E assim passara. Arrastaram a minha fé,
quais inábeis e disfarçados rouxinóis,
que entoam sempre cânticos letais,
mas tão triste cantaram, tão inúteis
que nem fiz questão de ouvi-los uma vez mais.

E por tantas desilusões e rouxinóis ousados,
tornei-me um jogral desordenado e sem graça,
que, após tantos vendavais, não ousa crer na bonança,

e cujo talento dissolveu-se lentamente,
e com ele a última esperança.

Mas um jogral que se preza não rasteja nunca
E conserva as vestes de um artista secundário,
põe o sofrimento para trás e finge um peito másculo,
ri enquanto as palmas se ecoam
e chora só depois do espetáculo.

QUERO QUE ME ENTENDAM

Muito eu tenho falado,
na falta de risos,
na busca constante
de coisas concretas.
Critico o cinismo
de gente que passa
se esvaindo em graça
e morrendo de dor.

Quero que me entendam:

Apesar da constante tristeza dos versos,
só falo verdades que a urbe insegura
tranca, fecha, esconde, seja como for.
Mas todas essas coisas, tão velhas, eternas,
eu respeito e conservo:
meu ato de amor.

PALAVRAS

A gente vê tanta gente a dizer
palavras bonitas, frases esparsas,
e nelas queremos crer tão somente,
porque quem as diz sabe dizer com graça.

E vamos repetindo o que os outros dizem
nas frases singelas, humildes, pequenas,
mas só repetimos, nelas não cremos,
porque são palavras, palavras apenas.

E quando alguém nos vem falar de amor,
queríamos crer estranho, não podemos,
porque tanto faz-se no amor mentira
que no amor verdade já não cremos.

De tão ferida a sensibilidade,
nasceram-nos estranhos medos de amor.
Então procura-se um grande amor para a vida,
para perdê-lo assim que se encontrar.

VENDEDORES DE ILUSÃO

Dois vendedores de ilusão existem,
persistentes, ganham a rua e vão.
Frequentam os lugares povoados das cidades
para venderem uma ilusão.

Nas mãos quantas vezes carregam o sonho eterno,
e, pobres, estragam as outras mãos,
porque deles nunca realizou-se um sonho,
sempre aspiração.

Um deles oferece aos transeuntes a sorte grande
que traz a mão (veja a ironia)
Pelo pão de tão baixo custo frente ao que carrega:
É o vendedor de loterias.

O outro iludido consciente,
que à noite não dorme e o cérebro louco
faz trabalhar,
querendo dar muito tendo tão pouco.

Quando arfante o peito de sofrer inextinto
num esforço máximo se contrai,
o irascível verso se exalta, fio rebelde,
ganha o espaço e vai...

Voltando sob rascunhos, poema se torna,
o mundo aplaude,
aplaude a dor recalcada, que saiu do peito,
e de regresso o mesmo peito invade.
E este, que tem inteira, cheia de alegria alheia,
a alma inquieta,
é o desgraçado mais feliz do mundo. O poeta!

TEMPO

Não me vi hoje. Talvez não me tenha levantado,
não sei se trabalhei, não sei se sonhei,
não sei de dormi. Por onde andei?

Não me vi hoje. Não sei se escrevi um verso,
não senti se o sangue corria em minhas veias.
Estive aqui? Não sei. Em que cadeia?

O que foi feito hoje do meu espaço de horas?
Que coisas me embutiram o pensamento?
Não me vi hoje. Será que me conhece o tempo?

Não bateram-me luzes na janela da alma,
não sei se existiram festas, se existiram portas.
Não me vi hoje. Com certeza estive morta...

CONTOU-ME UM VELHO...

... Que havia sido, quando tinha pernas,
quando erguia os braços, quando se movia,
um coração enorme.

Contou-me um velho que havia amado e sofrido,
que muito teve. Que muito perdeu.
Contou-me ele que agora, depois de tantos feitos,
depois de tantas subidas e bruscas descidas,
espera num canto a morte chegar.

Em que moldura estarão guardados,
gravados os passos das pernas,
os movimentos dos braços,
o tamanho do seu coração?

Por que tanto me apego à vida
se um dia terei minhas pequenas alegrias,
minhas caras tristezas, espalhadas nos espaços,
sem quadro e sem molduras?

CONSEQUÊNCIA

Ensinou-me a anemia de uma planta
que a fragilidade da alma leva-me
a um plano de vida mais amplo e diferente.

Mostrou-me a gestação de uma andorinha
que existe um afeto maior além dos gestos
e um supremo bem no ato da procura.

Explicou-me uma criança muda
que existem alegria e tristeza espalhadas nos ares,
invadindo as raízes dos ventres, ressurgindo nas mãos.

Apontou-me um avião, numa noite de chuva,
que, apesar da falsa aparência das retas,
existem aclives e declives embaçando as depressões.

Por tudo que eu vi, ouvi e alojei no peito,
cresceu-me esta benigna moléstia: Sou poeta.
Não sou alegre nem triste. Caí na indiferença
quando vi e ouvi a condição de existir nesta vida.

FINAL DE BUSCAS

Aí está o que encontrei na vida.
E hei o extravio das coisas que eu busquei:
tanto procurado, tanto encontrado,
tudo tão diferente.

Tenho agora desfeito em riso amargo
o ideal dos sonhos que sonhei.

Não me preparei nas minhas buscas
e na ânsia de ter, não consegui abrir os olhos e ver
que em parte alguma foi possível encontrar,
e com as mãos tocar,
e cá dentro guardar
o profundo dos sonhos.

Mas tanto fiz que o cérebro esmaguei,
gastei na caminhada as ilusões sentidas.
Tenho agora rotas as mãos,
já calejados os pés.
Tenho no peito a eterna tristeza,
a mesma tristeza, tão velha e conhecida.

Sem explicações, a pesquisa que eu fiz,
tanto procurei, tanta coisa encontrei,
que me acho agora
no fim de minhas buscas;
sem saber onde está,
sem lugar para procurar meu sentido de vida.

MORTE

Um dia não estar, não ser,
não ter que dormir e acordar.
Não sonhar,
não ver,
não estar.

Um dia, não ter que pedir,
não ter que explicar,
nem rir,
nem chorar,
não compreender,
não ter que aceitar.

Não ser ar nem luz,
não precisar de espaço para pisar.
Não ter ódio,
nem tédio,
nem fé nem amor.
Não descobrir a grande desventura que nos vem de amar.

Ser nada. Melhor ainda, nem nada ser.

Não ter pela manhã os olhos colorindo o dia
e um pulmão querendo respirar.
E não sentir depois de uma alegria,
uma tristeza morna,

roncando,
rodopiando,
revolucionando.

Não ouvir sons de vozes,
não sentir vozes cochichando no silêncio.
Não ser fértil,
nem estéril,
não ser desencontro.
Melhor, bem melhor não ser elo.

Não ser praia nem deserto,
não ter registro civil.
não ter cor nem tamanho
não conhecer ninguém esclerosado.
Não ser lobo e nem covil.

Não ter nenhuma afinidade com a vida
e perguntar para alguém na hora da partida:
será tão triste morrer?
Será que o nada está contente em ser?

Melhor, melhor mesmo é nem nada ser...

DIA DE BALANÇO

Quis ser realidade,
mas as consequências tristes da verdade,
tão mal compreendida, tão mal interpretada,
mostraram-me as pequenas vantagens da mentira.

Também quis ser justiça,
mas só tive dois braços para um mundo tão grande.
Vi-me, então, encarcerada em meus conceitos,
e para defender-me e sobreviver,
tomei o lugar comum: Tenho muito de fera.

Porque gosto de rosas, porque amo intensamente,
chamaram-me estranha, viram-me esquisita.
Então guardei o amor só para os meus sentidos,
e a minha rosa pensa numa haste partida.

Não posso ser totalmente o que sou. Sou o que posso ser.
É que o meu jeito de amar anda fora de moda.

Penso meu fim. Qual será o meu julgamento
se tenho coisas que sou e coisas que não pude?
Como julguei Deus, o meu volume,
se vou dar-lhe a alma, feito rosa machucada,
e os dedos dos pés com um resto de terra?

Que ele possa ver na haste pensa a minha rosa,
e na terra dos dedos, sujeiras do caminho.
Que haja registrado no meu livro aquilo que não fiz,
porque a razão da massa me impediu de fazer.

CRISE

Sou toda crise,
sou crise de angústia fechada, absorta,
sou o emboço do tempo, inconstante de tempo.
Sou cheia e oca,
original e reprise.

Sou toda, inteira crise.
Sou o eco do riso rasgado, atirado,
lançado no espaço pelo medo do choro.
Sou presente do futuro,
sou areia e muro.
Sou o próprio desafinar de uma música em coro.

Sou toda, completa crise,
arranjo e desarranjo de uma mesa.
Sou lápide, rumo, desvio.
Posso ser um horizonte aberto,
nu, incerto, frio.

Sou a rotação dos sentidos,
a translação de imagens,
sou a brisa dos ouvidos, dos ecos,
matéria de bonecos.
Acho que vim para passar
e fiquei na passagem.

É, sou crise.
A crise da visão dos cegos,
a esfinge do meu próprio ego.
Sou o sossego da crise de fera.
Sou,
fui,
sei e aceito ser,
porque antes de nascer, já era.

REFLEXÃO

Nada existe que não se possa fazer, porque até o impossível é um tipo de solução.

PEDIDO

Pai,
que me aceitem e amem este ano e sempre
todos aqueles que antes não me viram.
Que me abracem as pessoas que para mim nunca sorriram.
Não quero excesso de dádivas materiais, como presente,
quero uma prova concreta de que também sou gente.

Pai,
quero um afago caloroso de uma mão
correndo suavemente pelos meus cabelos.
Um amigo que me sente em teus joelhos,
me encoste em teu peito, junto ao teu coração,
e me faça sentir coisa tua: Teu folho, teu irmão...

Que neste ano e nesta multidão, alguém
convide-me para uma festa de criança.
Quero juntar-me à garotada e a velinha
soprar. E que na tradicional hora dos parabéns,
um senhor encare-me com ar de confiança.

Não deixai, Pai, terminar jamais este brinquedo
que inventaram para alegrar uma criança.
É que eu acostumo-me e tenho medo
de não mais encontrar acenos de esperanças,
voltar a sentir que sorrir é um grande segredo.

Dá-me a graça, Pai, de poder conservar
toda pessoa que eu ganhar para brincar comigo.
Não exijo referências: quero só que saiba amar.
Se não puder ser pai, que seja amigo,
que fale tão somente com frases de carinho.
E,
se não puder acompanhar-me, que pelo menos indique-me
[caminhos.

APRESSA-TE, BRISA!

Entra, brisa.
Entra agora, que a janela se encontra escancarada.
Vamos, antes que alguma nuvem assim me encontre
e que eu me arrependa de deixar-te vir.
Não repare o desalinho do aposento,
mas apressa-te, brisa!

Pode ficar.
Eu hoje cedo-te um cantinho do meu quarto,
porque venci agora o meu estoicismo,
senti uma vontade louca de ser gente,
deixar de espremer o âmago infausto,
hoje eu preciso de alguém.

Mexa no que quiser.
Pode ler estas frases, comédias íntimas.
A ti confio meu pensar mais fundo,
coisas que eu nunca disse a mim mesma
com medo de escutar
e magoar meu eu.

Este é o meu diário.
Basta abri-lo para encontrar a alma de minha alma,
mas, por favor, leia baixinho, que eu não quero saber
do bem que passou, e por orgulho,
não quero chorar a ilusão sofrida.
A mesma que me fez sorrir.

Agora volte.
Aquela minúscula lucarna
pode deixar-te passar. Uma neblina criança,
de alma leve e coração sem mágoa,
é hábil e poderá assim passar intacta
onde nem é possível passar a minha dor.

Vai, antes que o dia te encontre pelo caminho,
e se alguém
quiser saber de onde vem você,
diga: Dormi ao lado de uma mulher feliz,
mas se não for possível mentir, fale apenas assim:
"de um quarto qualquer onde não mora ninguém.
Apressa-te, brisa!"

LIVRE

Livre como um filhote rebelde,
como um órfão moleque, agora eu saio.
Abaixo os versos contados e medidos,
o verso, a poesia, não têm lei.

Não existe regra para um brado íntimo
nem censuras para um poema.
Se o pensamento é infinito e os fatos, constantes,
como prensá-los na pequenez de um verso?

Neste tolo dito de rimas e métricas
não cabe toda a felicidade do universo,
como escrever, então, a tristeza infinita
que envolve o coração de um poeta?

Por isso é que agora me liberto,
e liberto a profusão de alegrias que há em mim.
E liberto a liberdade de minha liberdade,
e solto o mundo reprimido.

Que deslize a pena livremente,
dizendo tudo o que quiser, sem réplicas.
Tomo o mundo, com seu mal, não cabe numa estrofe,
todo o bem da alma não se encaixa num soneto.

Na liberdade de meu verso eu vibro,
eu amo, eu canto!
Eu me completo e completo o meu poema.
Eu sou gente, eu sou mulher, criança.
Livre!!!

POR OBSÉQUIO, UM POUCO DE PERFUME...

Ensina à juventude ansiosa, à sociedade nova,
o "sempre fica um pouco de perfume..."
deixa ver no aroma que eu peço
um amplexo tamanho
capaz de unir as almas, as carnes, as verdades
e o futuro, necessariamente.

Empresta o riso que você ri,
cada oração que tem para rezar, enfim,
alfabetiza.
Ofereça seus braços,
dê a enlaçar as tuas mãos.
Existem corpos procurando teus braços,
perdem-se mãos em busca das tuas.

E você vai ver a transformação das faces,
o soerguimento das forças enfraquecidas.
Os gestos, os olhares, as esperanças
terão vindo de você.
Eu, de minha parte, darei ao teu Deus
uma alma nova, compreendida,
um coração regenerado.

TRANSFORMAÇÃO

A água cai, cai,
na gota que pinga, pinga
na barriga da pedra.
A pedra fica parada,
apanhando, apanhando,
calada, calada.
Mas, se vai gastando, gastando,
quieta, quieta,
humilde, domada.
A água cai, cai, cai...
a pedra se encolhe,
se humilha, se gasta,
por sob a gota molenga, molenga,
que pinga hoje, amanhã,
ontem e depois.

A pedra tornou-se criança educada.

Ficou quedada,
parada,
escrava,
dominada.

A insistência da gota deixou a pedra triturada.

REFLEXÃO

Posso não ter tempo para o sexo e o amor,
mas eu sempre faço o amor, independente do tempo e do
[sexo.

RENASCIMENTO

Eu já havia vivido,
já havia sido feliz.
Tive em cada momento
um verso pra dizer,
um canto pra cantar.

Depois, depois perdi tudo.
Os momentos de versejar
e o canto pra cantar.

Acreditei amar alguém
que não era você.
E tive em cada luz,
em cada sol,
uma desilusão.

E bem mais tarde
reencontrei você
e seu sorriso
e seu riso
e seu olhar.

E vi, normalmente,
o mundo diferente
e o horizonte azul.
E o sol no poente,

tudo, tudo que na tristeza
eu não podia ver.

Senti em cada lua uma luz,
em cada raio um sol,
em cada morrer a fonte
de cada monte.

E aprendi
a ver em cada folha a flor,
em tudo que é seu,
nas frases impensadas,
nos gestos humildes,
um sorriso de Deus.

POSSE

Um toque de dedos, um carinho de mãos,
um beijo, um abraço,
uma frase qualquer.
Um anseio, um apelo,
um cuidado, um meio.
Um beijo, um abraço,
um sufoco, uns braços.

Nada e tudo. Tudo e nada.

Um tempo no tempo,
um frio, um calor,
uma entrega, uma posse.
Um escravo, um senhor.
Um silêncio gritando, um amor.

Uma brisa roçando a pele da noite.

Um suor deslizando,
uma boca calada,
uma vida, uma morte,
uma guerra explodindo,
um sussurro abafado,
uma música falada.

Um ar de abandono em fera domada.

Um cigarro queimando,
fumaça bailando,
uma cinza manchando
o sinteco do chão.
Uma mão descansando,
uma fronte suando.

Um sono embaçando a retina dos olhos.

DÚVIDA

Porque quando você fala,
eu bebo o som,
descubro seus defeitos,
critico seu cinismo,
descubro um pouco de admiração por mim.

Porque na sua fala,
eu sei das coisas que ficam
escondidas nas entrelinhas,
e posso concluir a meu contento
a mensagem da voz.

Por isso eu odeio o seu silêncio.

É que ficando você calado,
de olhos perdidos no tempo e no espaço,
eu não sei se estou,
se estive em alguma coisa sua.
Tenho medo de que você me esqueça nos segredos do silêncio.

Porque só eu queria acontecer no abstrato do seu pensamento.

Mas, você se tranca,
se fecha, se encerra
e se perde infinitamente,
amando não sei a quem,

Odiando não sei por quê,
lembrando não sei do quê.
Então eu fico odiando não sei o quê,
te amando não sei por quê,
até que,
para dispersar seus quês,
você volta a me ver.
E eu que tanto espero um som
que te explique,
que te justifique,
fico exatamente sem nada para fazer,

Porque não sei adivinhar
onde andaram seus pensamentos
na sua maldita hora de silenciar.

PALAVRA QUE NÃO SE DIZ

A gente sai e caminha, caminha
à procura de alguém querer e não ter,
qual criança que a mãe quer junto de si.

E vai rico e vazio a sopro de brisa,
recém-nascido que vive e não sabe,
e caminha, caminha a ganhar e perder.

Anda, pés descalços, braços inúteis,
em busca de paz, ao encontro de dor,
cabeça quente e coração pesado.

E quando cansado de cansar-se em vão,
em qualquer canto encosta, em febre delira,
vê o amor que chega na névoa do sofrer.

Quer o amor. Esforça-se, mas as pernas não se firmam,
e chora e treme, quer gritar e não pode,
vacila e cai, ama e não diz.

FALANDO DE AMOR

Eu amo.
Sei a cor dos ventos, sei o som do silêncio
porque o amor cria cor, som e forma.
Conheço a voz das flores e o teu riso.
Sei quando o sol sorri. Entendo quando chora.

Eu amo o amor.
Amo a alegria imensa que me vem de amar.

Eu bebo a luz do dia e o negro da noite.
Entendo a humanidade pelo gosto de gostar
e aceito a solidão dos dias tristes,
porque esta tristeza que me vem de repente
traz-me também o tempo para sonhar.

Respiro amor.
É que ele tem sintoma de riso,
e o riso dá-me uma vontade imensa de amar.
Quero morrer de amor e continuar amando
para ser eterna nos corações falidos,
que não podem como eu querer até cansar.

ACONTECIMENTO

Pode ser que você apareça,
abra caminho no meio do povo
e me venha abraçar.

Pode ser que aconteça,
que comece tudo, tudo de novo,
um bom dia, um cheguei, um amar.

Pode ser que no início da estrada eu te veja chegar,

E contar mil desculpas,
desculpar mil saudades,
pode ser que eu me esconda a verdade
e te deixe ficar.

Pode ser até... pode ser
que os teus braços cheguem antes,
que a farsa do riso,
e eu te possa abraçar.

Eu espero. Pode ser
que você nunca te faça vulto no patamar da porta,
que eu espere sem cansar de esperar.
Mas eu fico
esperando as desculpas,
desculpando as mentiras
e pedindo na espera
para você ficar.

DIA NOITE, NOITE, DIA, DIA NOITE

À tarde, quando o sol cansado
escala montanhas
e se perde nas entranhas do horizonte,
eu chego ao meu lar.
Na porta de casa,
meus filhos me abraçam,
cobram-me os chicletes,
procuram em minha bolsa
esperadas buriquinhas.
Adivinho uma sopa com muitos legumes
no cheiro gostoso que vem da cozinha.

E muito mais tarde, depois do jantar,
a gente discute as coisas do dia.
Dividimos as tristezas,
repartimos as alegrias.
Simples fatos que a vida nos dá na rotina.
E pra mudar de assunto,
nós nos encontramos falando do tempo,
que mal nos dá tempo
pra falarmos de nós.

Como as horas passam, antes que o dia
rebente lá fora,
a gente faz amor.
Porque de repente o sol vem correndo,

rasgando o espaço, ainda com sono,
vem dourando os montes
pra tarde outra vez
dobrar as montanhas
e dormir nas entranhas do horizonte.

... Com a tarde, eu voltando...

Abraço as crianças,
entrego os chicletes,
espero na porta meu amor chegar.
Explicamos o nosso dia
durante o jantar.
Com medo do tempo, já quase sem tempo,
a gente estica a noite pra fazer amor.

ORGULHO

Não sei por que vivemos lado a lado,
sempre a fingir que não nos conhecemos,
se amar bastante nunca foi pecado
e a sós criamos o suplício em que vivemos.

Não somos dois pássaros que pousamos
e não nos atrevemos a mover sequer,
você, por ser homem, a negar que nos amamos
e eu, a confirmar só porque sou mulher.

Então, pela vida trapejantes,
vamos orgulhosos e inúteis mendigantes,
mas não sei de nós dois qual o mais infeliz:

Você, a dizer que me odeia quando me adora,
com o coração a chorar, mandar-me embora,
ou eu, que amar-te, digo que jamais te quis!

PRESENÇA

Não te quis renovado,
nem faria nenhuma questão
se você voltasse pior do que foi,
mas, que mesmo mentindo, voltasse,
e que novamente fingindo, entrasse
atrevido no meu coração.

Não queria promessas de eterna companhia,
nem saber o que a vida te ensinou.
Para que saber toda a sua vida
se eu sei que por ela à fora
só eu mesma fui quem realmente te amou?
Só queria você,
com seus defeitos, entrando devagar
nas coisas que são minhas,
abrindo as minhas portas,
dando vida aos meus gestos,
e de amor, enfim, me deixar morta.

O QUE DIGO E O QUE DIZEM

Digo,
ao mundo digo que jamais te quero ver,
porque contigo eu nunca soube o que é viver,
que tudo te dei e nada pedi.

Digo,
digo que toda a terra conheceu meu pranto,
que implorei, vivi a mendigar o teu amor no entanto,
sempre disposta a sofrer por ti.

Digo,
ao mundo inteiro grito que o detesto,
mas a mim não posso levantar nenhum protesto,
porque meu eu e minha alma são tão iguais

Que,
quando digo que foste meu passado infeliz,
meu eu diz que te quero tanto quanto já quis,
e a alma jura que te amo ainda mais!

REFLEXÃO

Se...
Deus existe com sua misericórdia e com sua justiça,
não me preocupo com o que há de vir,
porque...
neste mundo em que vivo,
do modo que as coisas são,
eu vivo do modo que me é possível.

MÃOS VAZIAS

Como uma lufada de vento improvisado,
eu sigo sempre.
Vai me pesando o mediar inato,
mas eu continuo buscando,
jamais trazendo.

E o verve sobe, vai além do pensamento,
ultrapassando os astros.
Trago aos desiludidos um débil consolo
e aos felizes enamorados
uma ilusão a mais.

É assim. Aos outros eu dou sempre e tudo,
mas a mim, nunca e nada.
Não é que eu não procure, desvairada e firme.
É que não sei se existe o que procuro.
É que não sei...

Ah! Se em todas as vezes que no espaço infinito eu me detenho
pudesse encontrar uma resposta ao meu anseio,
eu poderia talvez falar mais belo
pois falaria de algo todo meu.

Mas não. Eu só encontro no espaço a beleza
para quem é feliz.
É justo que eu dê o belo a quem o possa ter,

Pois, afinal, eu sei vê-lo e senti-lo,
mas não é meu.
Canso-me, é certo, mas não paro nunca,
encarreguei-me de viver assim.
Então, eu tenho que dar sempre o que eu não tenho,
resigno-me e vou: Exausta, pobre, indiferente.
De braços abertos e mãos vazias.

MEUS DIAS FELIZES

Hoje, encontrei em meio às coisas esquecidas
um rascunho de carta,
carta velha, pálida.
Amarelecida.
Porém, pude lembrar ainda uma despedida:
"vai-te. Quero que saibas que o calor
deste amo, que é sobra
de outro alguém,
é demais para o meu orgulho, meu amor."

E no rascunho da carta, finalizando as frases,
(para outros sem importância)
num cantinho, um Adeus.
Segredei ainda o anseio de uma resposta.
Acalentei, enfim, uma esperança.

Aquele dia ainda eu fui feliz,
porque fremia em mim uma esperança.

E hoje... esperar o que se a cada dia
vi aterrar-se o meu mais sublime anseio?
Os anos se passaram
e o tempo foi somente
nada mais que uma resposta que não veio.

Assim, se foi triste o passado e o presente muito mais,
piores que o presente, os dias que virão.
Tão piores que, quando eu ler estes versos,
hei de perguntar-me:
meus dias felizes, onde estão?

SONETO PARA QUEM DIZ ADEUS

Certa vez, um lírio jovem e formoso
encontrou uma bela margarida,
bem pequenina e de andar garboso,
fez dela, então, o amor de sua vida.

Mas um dia o jardineiro caprichoso
mudou para outras terras a pequena margarida,
deixando o lírio triste e queixoso,
chorando a perda da flor querida.

Alguns dias depois, o homem, arrependido,
arrancou o lírio da velha terra
e plantou ao lado da margarida,

Que, ao abraçá-lo, disse-lhe comovida:
– o começo é sempre um pronto em vão,
mas o fim nem sempre é uma ilusão perdida.

MEU PAI... MINHA RAIZ

O triste é vê-lo assim
inerte, murcho, minguado
em tão limitado espaço
que escolheu para viver.
Um ser humano parado,
Desocupado e cansado
À espera não sei de quê.
Parece embrulho guardado,
Que em tempos que não se sabe
guardou-se não sei pra quê...

É o mesmo corpo que o sol
dobrou os dias queimando
no cultivo do café.
Os mesmos braços que, às vezes,
quando o meu sono não vinha,
me abraçavam, me embalavam,
me guardavam; e me contava
as coisas que a vida tinha.

Vem-me aos olhos, de repente
As mãos firmes capinando,
amando, pedindo, dando.
Os dedos sempre plantando,
Os dedos, frutos colhendo.
Estraçalhando entretido
algumas vagens de feijão...

Fazendo o sinal da cruz...
Dá-me então uma saudade
das estórias que contava,
fazendo a gente vibrar.
Nem tinha tanta beleza,
é que era muito gostoso
Ficar ouvindo-o falar.

Se pelo menos ele fosse
uma florzinha caída,
Que um pouco de sol,
Que muito carinho
Devolvem à vida...

Meu velho, eu deixava tão novo, de novo,
como exatamente no dia em que me fez.
As curvas das costas,
As rugas da pele,
Irão morrer de excesso de amor.

MEU FADÁRIO

Na voz sutil de minha alma empobrecida,
Já quase morta, sem afeto, sem guarida,
duas coisas apenas escreveram meu fadário:

Uma paixão ardente, sublime calvário,
lançando a esmo no meu pobre relicário
Uma esperança, frágil suster de meus dias.

E quando esta louca paixão me condena,
deste amor, minha desgraça, eu sofro as penas
A vida recuso e me sinto morrer.

Mas a esperança surge no meu viver
e diz-me que um dia virá quem tanto quero.
Então, descrente de esperança, espero...

CÉU JARDIM

É como um chão aveludado e cheio de iminência,
vedando a inocência de um sonho angelical.
Que pássaros beijam estas flores ornamentais,
margaridas douradas, divinas sem iguais?

Olhando assim este jardim belo e original
Salpicado todo de mistérios flutuantes
Sinto-me tão leve que vago por alguns instantes
no chão aveludado deste rico estendal.

E sigo ávida entre as flores resplandecentes,
como no espaço, seguem incertos os vagalumes,
sem fé, sem pátria, meninos rebeldes e ateus.
E erguendo os braços, cansada, humildemente
Eu paro e pergunto ao vazio nervosamente:
Deste jardim... em que canto estarás tu, meu Deus?

CONTRADIÇÃO

Tive tanto medo de trair-me
no excesso das palavras,
na demora do silêncio,
na medida dos gestos,
que comecei a me guardar em mim.

Tive tanto medo do meu eu
que cortei os braços dos meus versos,
andei sob medidas,
com medo de me encontrar.

Tão tristes, que forcei-me um brado de independência.

Desmedi as palavras,
Encurtei meu silêncio,
Suturei os braços dos meus versos,
Mas tanto tempo estive presa
que meteu-me medo a liberdade
e fiquei completamente acorrentada,
com todo este espaço que existe no universo.

ALEGRIA DE SER

É tão bom saber, meu excepcional
Que você anda sobre os meus passos,
que eu te posso guiar, que eu te posso dar,
com amor, as noções de espaço.

É tão bom saber, meu excepcional,
que eu tenho um pouco de teus anseios,
porque sou tua mão, porque sou teu sinal,
e que a mim não precisa explicar os teus meios.

É bom demais ver meu mundo em você,
que não sabe explicar com palavras, mas com carinho
o segredo de estar pisando nos meus passos
e de mostrar-me inconsciente o mais lindo caminho.

REFLEXÃO

Não há necessidade de passadas longas,
É necessário, sim, que não fiquemos parados.

TEREZA MOLECADA

Surge na esquina Tereza Molecada
Morta de preguiça, gorda e relaxada.
Puxa a fila dos filhos: Craudete, Cronice,
João Pedro, Zé Carlos, Mateus e Tereza.
Rindo pelo que já disse, por tudo que dirá
Achando que a vida é infinita beleza.

Tereza é miséria na voz e no jeito
Tem fome no rastro, nos olhos, no peito
Ignorância nata dos ricos de fé.
Só não tem a sede que o resto da urbe tem:
a de saber política, alemão, inglês,
Fonética, cibernética. Os fins do idioma português.

Não sabe de motins. Jamais ouviu falar
no que podem as mãos de Idi Amin.
Que a lua existe, crê porque a vê tão bela,
jogando raios pelas frestas da janela.
Mas que existe Marte e que tem gente lá?
Quá o quê. Isto só Deus é quem pode saber.

Por isso é gostoso ver passar Tereza
feito andor na procissão da Molecada.
Sem preconceito, riso estudado
E a imutável e triste necessidade
De agradar de uma só vez toda a sociedade.

E eu pergunto pra aprender com ela
As coisas que os livros não sabem dizer:

Oi, Tereza, como vai a vida?
Já sarou a barriga do Mateus?
E ela responde com a boca escancarada:
"Tá tudo bom, com as graças de Deus."

INTERROGAÇÃO

Tortos os dedos
Tortas as mãos
Tortas as pernas
Torta a boca
Torto.
Tortamente comia.
Tossiu,
Babou,
Tremeu,
Minguou,
Caiu.
Encolheu-se com vergonha da queda.
Inexplicavelmente
senti sensações estranhas,
como vontade de gritar,
Bater, esmurrar.
beliscar,
morder,
de ir ficando pequena e desaparecer.
Eu quis
pornografar todos os olhos da terra,
derrubando muros,
declarando guerras.
Eu quis decepar as árvores,
Sair nua
Para agredir.

Mas
esmurrar,
beliscar,
morder, bater,
agredir a quem?
Perguntar
Pedir explicações para quem?

POETA MODERNO. LOUCO.

Por sobre as águas e areias movediças,
por sob aviões, urubus, astronautas,
de olhos vendados eu vou correndo.
Piso em canhão disfarçado em margarida
Cor de pureza, odor de carniça.
Um candidato a governador
prometendo casas (é tempo de eleição!).
Loura sardenta, filha do colono,
beija o mulatinho, filho do patrão.
E eu vou correndo.
Espanto o porco, ele espanta a garça,
transplante incerto e doutor vivendo;
O carro encalha, a carroça passa,
Velha negra e gorda zela da choupana
(Depois da eleição, ganha casa bacana).
Satisfazendo a visão artística,
Por sobre o gosto do anti-cientista
Eu levanto voo de olhos vendados
A chuva cai e me refresca a mente,
mas ouço ainda a voz do candidato
prometendo casas (é tempo de ilusão!).
Já habituei-me a ter decepção.
Eu procuro igreja, entro na loja,
indago preços, penso em hospício
(E ainda existe gente crendo em comícios!).
Loucos soldados brincam de mocinhos,

pensam na guerra e morrem sozinhos,
mas eu vou correndo.
Faço careta ao aspirante a presidente,
que se rebaixa e soergue a gente
(Mas não me assusto. É tempo de eleição!).
A cabrocha bebe na boca do litro,
Morreu o Zé João.
A madame chora e oferece missa
Faleceu o velho cirurgião.
Língua de fora, paro, penso e caio.
Os candidatos de camisas esportes
já não imitam filhos de papagaio
Terminaram as eleições.
A velha gorda ainda cuida da choupana
Nada de casa bacana
Se quiser é barracão!
Se eu conhecer um candidato a presidente,
Pelo meu voto, vou pedir que ele me mate,
(E antes da eleição) dê-me um enterro decente.

LIVRE! LIVRE! LIVRE

Se um calo dói-me no lado dos pés,
não me amarro em status (grande estupidez).
Arranco os sapatos, solto o passo na rua.
Esta liberdade não infringe as leis.

Sento-me na calçada, se dói-me a cabeça,
curto o trânsito, falo um verso, penso em paz.
Roubei dos estatutos frações de liberdade,
Tenho o alvará das leis sentimentais.

Medito, então:

Se a censura deixasse,
eu queria reclamar cinquenta por cento
da minha liberdade,
Que se encontra algemada, afogada
nos parágrafos únicos
das leis federais, estaduais, sociais,
trezentos mil ais.

Se a censura deixasse,
eu queria, sem fazer confusão,
reclamar meus atrasos, meus passos,
meu cérebro, minha paciência,
esgotados em prol da educação.
Faria um requerimento em cinco vias,

E quem sabe, no ano dois mil,
Teria vinte por cento dos meus direitos em mãos.

Se a censura deixasse,
eu pedia revisão nos custos de vida,
porque quem tem cinco filhos
já se esqueceu do cheiro do feijão.
O café da manhã, o jantar da noite,
já se tornou mania: É lanche de pão com pão.

Mas, sentada na rua, desmedito a meditação.

Nesta terra livre, a censura não deixa,
Eu só tenho a licença das leis sentimentais.
Esqueço então a minha liberdade, gemendo doida
Nos estatutos que regem os direitos sociais.

ANÚNCIO

Houve uma brusca mudança de temperatura:
Chuviscou de repente sobre os raios do sol
e o seu brilho morreu.
O choque do sol em contato com a chuva
tripartiu meu coração.

Se alguém por aí encontrar fragmentos
dourados de sol, respingados de chuva,
eu reclamo os direitos.
Tenho provas concretas de que o meu coração,
depois da explosão,
anda fora do peito.

PAISAGENS TRISTES

Uma casinha de barro,
feita de pau a pique.
Um jardim com margaridas,
um feixe de lenhas bem amarrados,
Uma torneira pingando, tic-tic.

Uma moça dormindo numa cama de esteiras,
ar desleixado, cansada e despida.
Um senhor e um charuto, cuspindo fumaças.
Todos parados enquanto a vida,
a vida corre e passa.

Um fogão aceso, um feijão fervendo,
um relógio antigo as horas tecendo.
Um vento entrando nos cortes das ruas,
nascido no espaço, no espaço morrendo.

Um menino nu, na porta da rua,
toma garapa num bicho estragado
e fica grudento, luzindo, luzindo.
Menino sem riso, menino molhado.

E algumas gotinhas mais atrevidas
caminham depressa daqui para ali,
atravessam a planície da barriga,
viram goteira na ponta do pipi.

CENA

Bem que eu estava até meio feliz
vendo um casal de pardais namorando,
com carícias das asas, sobre cousas falando,
em pé no muro de um chafariz.

Falavam de amor, em língua que eu não sei,
e tanto insisti para saber que sem querer os inibi.
Eles fugiram dos meus olhos e sempre juntos
foram falar de amor bem distante dali.

Bem que eu estava ainda um pouco feliz.

Fiquei vendo o muro parado e a água caindo
meio envaidecida no peito amigo do chafariz,
E a pequena alegria aos poucos foi saindo
pelos olhos, pela boca, pelos poros, pelo nariz.

Fui ficando infeliz.

Veio uma dor amarga e aos poucos cresceu
Só porque me lembrei de uma noite estrelada

Que eu quis, mas que da tarde até a madrugada
Caiu pingo fininho, mansamente choveu.

QUEM MORREU

Morreu uma formiga na horta lá de casa
Foi velada sob um pé de couve-flor.
Vestiram-na de branco (pétalas de margarida).
Que suntuosidade. Quanto gesto de amor!

Estavam todos. Formigas, formiguinhas, formigões.
Creio que ficaram vazios os formigueiros.
Até veio uma barata. Trouxe rosas amareladas,
Foi o motivo de cochichos no enterro.

É que além de ser barata, uma espécie diferente,
tinha uma asa quebrada, andava muito torta.
Chegou silenciosa. Ficou indiferente e pálida,
Mais parecia ela quem estava morta.

Ninguém a conhecia. Na horta não morava.
Não falou com ninguém, saiu como chegou: calada.
Eu nunca a havia visto. Só não mais a esqueci
Porque era triste e trazia nas costas uma asa quebrada.

CASA TRISTE

Tem no jardim da frente uma roseira,
perdida em rosas vermelhas,
imponentes, teimosas, que a tudo resistem:
Sol, poeira, frio, vendaval.
Tem um carro comprido enchendo a garagem,
Certificando assim a ascensão social.

Uma enorme porta, semicerrada sempre,
um tapete cobrindo o brilho do chão.
E no teto limpinho, lustres pendurados,
carrancudos, sisudos, revoltados,
iluminando o silêncio angustiante
que geme e grita na imensidão da sala.

Alguns quadros famosos,
crucificados, espantados no branco da parede.
Um sintoma amargo de abandono,
contrariando o sentido da mensagem.
Tem um litro de whisky esperando passivo
a chegada inesperada de uma celebridade.
Num sofá, um casal despreocupado
assiste a um filme muito antigo na tevê,
mas não sabe o tema, o enredo, nem o nome do ator.
O telefone emburrado, engasgado com a fala
Tem um verso enorme na mesa de centro,
De boca aberta, esperando uma flor.

PRETO, VERMELHO E FINALMENTE AZUL

A gente chegou meio amedrontada,
entre as bandeiras e a vivaz torcida,
num domingo de festa, banda e alegria,
em que toda a cidade, toda mão unida,
levou fé e o coração em prol da partida.

Eis que o estádio se alegra, o torcedor se agita
A multidão se exalta, o Bota entra e fica
No peito da gente, inquieto, fremendo,
todo remoendo
E até Deus torcendo
No fundo prevendo
um final feliz.

Inesperadamente veio o gol primeiro,
o campo então se levantou inteiro
nos sons dos rojões, nas palmas das mãos.
Foi tão gostoso como um ventre mexendo
E o filho guardando, aos poucos nascendo
pra correr do mundo.

Os craques nos deram nos feitos de glória,
nos gols de vitória, congestão de amor.
Foi como o pão que finda a fome,
como notícia boa que renova a vida.
Foi confortante como o sol partindo à tarde,
como a volta esperada da pessoa querida.

A MAIS BELA DAS CONTEMPLAÇÕES

No canto da sala branca, iluminada,
nervos, tremendo.
Ele está querendo
começar a andar.

A sala é tão grande, tão vasta
para tentar um passo.
Pra tão nova gente
É demais espaço.

Tem no rostinho a inocência da idade
Furtivo o olhar
Se agita, se expressa,
só falta falar.

Todos os presentes repetem: caminha!
Caminha!
Mexe a botinha,
mas tem medo de andar...

Eis que em meio ao aroma
que vem da cozinha,
Alguém diz: caminha.
Meu filho, caminha!
Então, num esforço supremo,
Abre os braços...

Sorri... dá um passo...
Começa a andar.
Um passo, outro mais.
Ofegante, cansado,
Apoia aliviado
A cabeça morena nos joelhos maternos.

COMUNHÃO

Fica,
Fica aqui comigo, em mim,
sendo o vermelho do meu sangue
nos meus glóbulos brancos.
Fica correndo,

Cortando
Sangrando
Abatendo.

Fica,
Fica na palma de minhas mãos,
gelando-me os sentidos,
gerando-me os sufocos
da alma inquieta,
Do peito doído,
Grande, aberto, oco.

E fica sempre
tapando-me a boca,
cegando-me a visão
para que eu possa fingir o meu riso,
E no meio dos meus gestos,
nos instantes de protestos
Não mostrar que a desrazão de te querer
Deixou-me louca.

VOCÊ

Como em todas as vidas, você foi
meus cinco minutos de burrice.
Foi você o inverso do meu verso,
o pano preto, tapando a meiguice.

Você foi uma certeza boba e triste
no rumo da vida que eu quis construir,
na ilusão de quem busca alguém
que não sabe de choro. Que não sabe de rir.

Você foi aquela coisa que se procura
exatamente pelas coisas que não é.
Foi você, enfim, que eu, pensativa,
quis encaixar nos meus sonhos da fé.

E agora, no sexto minuto de bobeira,
foi que eu te descobri: Pessoa morta, coisa vazia,
Estátua móvel, que nem soube ser
um conteúdo alegre para a minha poesia.

... E O GUERREIRO TOMBOU EM TERRAS ESTRANHAS

Atravessando o vento que regia impertinente,
os olhos buscavam no espaço universal
o espetáculo inédito, sem igual.
A garotada inquieta e benquista
se agitava ruidosamente,
Queriam ver e aplaudir o paraquedista.
Surgiu. Era um pontinho esquisito,
desafiando o infinito,
deixando a turba em escarcéu.
Mas que coisa mais bonita
ver o tal paraquedista
Um homem assim como a gente,
flutuar desdenhosamente
Lá tão pertinho do céu.
Esqueceram-se as guerras
que crescem cada vez mais
para verem entre o céu e a terra
Voar, incontinente, o guerreiro da paz!
Mas, de repente, as palmas cessaram,
A garotada silenciou
e a natureza fez pausa para chorar.
Porque no chão cruciante
gemai o guerreiro do ar.
Os olhos no céu já não cruzavam,
Porque no chão repousava

o pontinho obscuro do infinito.
Somente o paraquedas, flor de impureza,
jazia murcho, sem conflitos,
Indiferente, absorto, sem tristeza,
Porque era escudo, e o escudo verdadeiro
Chora em silêncio a dor do seu guerreiro.
dormiu eternamente.
em seu paraquedas, buscou o céu novamente,
O guerreiro de forças tamanhas,
que fez vibrar de alegria.
Fez chorar em agonia
povos de terras estranhas.
e pelo voo traiçoeiro,
pelo cansaço que pesa no ombro de guerreiro,
descansa agora, paraquedista.

PARA SER MULHER

... Tem que saber pedir sem proferir palavras.
Ter um jeito duvidoso pra se fazer notar,
ser menina na posse, mulher nas decisões,
dizer sim e, sem dizer não, saber negar.

Entender e obedecer com arzinho de humildade
Ser meio passiva, atenta e distante.
Ser ingênua na voz, ter malícia nos sons
Em circunstância alguma ser ignorante

Saber ver no amor solução dos problemas
Ter um riso pela manhã, à noite uma incerteza.
Ter nos pés um andar medido e estudado
Na cabeça um senão, no corpo um teorema.

Não ser ponto final. Ser vírgula ou reticências
Ser Deus ou Demônio. Desprotegida, se tornar mulher
Ser sempre uma saudade nas ausências,
com ternura infinita, conseguir o que quiser.

Tem que ser esposa, fazer-se amante
Ter um modo meio estranho até pra ler jornal.
Provar que beleza é simples complemento,
e não essencialmente fator fundamental.

NOITE

O sol caminha para o seu quarto de dormir
Vai cansado da função de clarear o dia.
Avermelha o horizonte, doira o corpo dos montes
Mostra-me matrizes de singela sinfonia.

Tudo se prepara para a noite. A ave
regressa graciosa para a porta de seu ninho
Os homens deixam a rotina do trabalho
para voltarem à rotina do caminho.

O guarda acende as luzes. Os vagalumes doidos
tomam o lugar do sol por sobre a terra.
A lua se desperta e levanta silenciosa,
bota a cara redonda no topo da serra.

O sol já dorme e sonha. Uma estrelinha
nas vestes da noite bem tímida aparece.
Os amantes fazem planos pra mais tarde,
A lua descobre segredos terríveis. Anoitece.

HORA DE VISITA

Um presente na mão, um sorriso amarelo

Me chega
Me abraça
Me beija
E confunde.

Explica a demora
Se instala sorrindo
Me enrola
Me embroma
Me perde e me ganha

Sorri de mentira para mentir sorrindo

Clareia-me o dia
Põe-me branco nos olhos
Põe-me riso na boca
Põe-me rosa nos pés

Faz-me linda a vida
Faz-me leve o sol
Mata-me a saudade
E me deixa esquecida
Vai-se e fica comigo pelas coisas que faz

E eu me visto
do beijo da mentira
Me guardo e resguardo
no meu mundo espero,
Até que apareça.
Um presente na mão,
um sorriso amarelo.

QUEDA

Te quis tanto
Porque te vi nas estrelas
Nas nuvens
No céu
No além.
Porque você eu vi inatingível.

Te amei
Porque te vi satélite
Planeta
Horizonte
Distância.
Porque te vi cometa.

Te quis
porque te vi pássaro,
Avião,
Borboleta,
Porque te soube ausente.

Morri por te querer, trazer, ganhar.

E agora que eu te trouxe,
Te dobrei,
Te desfiz,
Te toquei,
Reduzi.

Agora que eu te posso tocar
Guardar
Prender
Embromar
Não te quero prender
Não te quero cativo
Não te quero
Simplesmente você não me interessa mais

AMORES DE MINHA VIDA

Eu amo
o brandir das estrelas a cortarem os céus,
o cair das chuvas com toda realeza,
o espreguiçar das ondas do mar em escarcéu,
sublimes obras da artista natureza.

Eu amo
o vento que passa nervosamente,
tal qual um moleque tranquilo e galgaz,
roçando-me a face indolentemente,
levando-me o riso ao mundo de paz.

Eu trago
na mente um turbilhão de sinfonias,
colhidas das luzes do sol a tender
qual brasão da terra em que me viu nascer.

E quando,
nas frases humildes de minha poesia,
todo o belo eu cantar, há de compreender
porque sou feliz e gosto de viver.

INDIFERENÇA

Estes versos uma data não terão,
porque não sei que dia é hoje,
nem que horas são.

Quando ao fazê-los, nada poderei dizer:
Minha mão caiu-se aqui
e pôs-se a mexer.

Na espessa relva, soltei-me e aqui estou.
Não me interessa o que há de vir
Nem o que se passou.

Se eu tiver que ser feliz, que seja!
Se tiver que sofrer, que sofra!
Onde quer que eu esteja,
apenas faço questão desta indiferença.

Se o mal existe, não o temo, e o bem...
Não faço questão de recompensa.

Se, enfim, chorando se começa,
e do mesmo modo, chorando se finda,
O viver não me interessa!

PONTO FINAL

Mudei agora meu proceder,
deixando o mundo numa total indiferença,
como se em um vácuo lúgubre eu caísse.
Os olhos, não os abrisse
O corpo, não o movesse.

Não vou mais preocupar-me
com o que se passa à minha volta.
Hoje, rompeu-se o baluarte de minhas forças,
e desprendida da cúpula imensa,
foi-se ao chão a alegria, no confluir da revolta.

Pisotearam-me a sensibilidade,
massacraram-me a alma já sofrida.
De hoje em diante, vai ser assim:
Resto do que fui, sobra de um todo,
sombra de um "eu" que viveu em mim.

Quando tudo se escoa inexoravelmente
na crença do que não foi feito nem dito,
é inútil lutarmos sem cessar,
queremos tocar o universo
sem sabermos em que ponto ele se encontra no infinito.

Por isso foi que atrofiou-me o âmago
para uma inércia total, um morrer sem dor:

Epílogo concedido a um artista já cansado,
cuja obra mais bonita
perdeu instantaneamente o seu valor.
Quando virem esta alma, outrora radiante,
acabrunhada e só, inútil, sem visão,
deixem-me repousar, é minha.
Se não respeitaram sua vivacidade,
respeitem agora sua prostração.

REPETIÇÃO

A vida nada mais é que sucessão
de noites e dias.
Noites idênticas,
dias iguais.

Noites em que se conta cada badalada
de um velho relógio,
Cada suspirar,
cada apito de trem,
cada bater de coração.
Enfim, noites em que não se dorme.
Dias que caem depois de cada lua,
depois de cada orvalho,
antes de cada sol.

E o meio-dia:
Dias que se arrastam vagarosamente
e que o sol caminha,
aquece plantação,
dobra montanhas,
morre nas entranhas do horizonte.

Seis horas:
e nova noite em que os olhos se vidram,
em que o sono foge,
em que a mente queima,
em que as chagas ardem.

E depois, novo dia que nasce
depois de cada lua,
depois de cada orvalho,
antes de cada sol.
E o sol que se põe novamente,
depois outra noite... outro dia...
Mas, na verdade,
é sempre a mesma noite...
É sempre o mesmo dia...
Só os povos mudaram;
Só os anos passaram;
O resto ficou.

BANALIDADES

As coisas banais e simples,
quanto mais humildes e quietas,
são as poesias, mais belezas,
postas frente aos olhos do poeta.

O orvalho que salpica o verde das plantas,
que morre ao ver o sol,
para ele é rima, é verso, é prece,
é a própria beleza tecida em seu redor.

Uma gota que a correr limpa a vidraça,
traçando em transparência o seu destino.
Para ele, no sul da mesma é vida,
No meio é criança, no fim, desgraça.

E destas futilezas nasce um poema,
tal qual este que eu fiz nascer,
inspirada nas banalidades que nos cercam,
pensando e escrevendo sem querer.

Porém, isto tudo resume-se em você,
que após ler estas frases banais, algum dia,
haverá de dizer: Para quem os faz, para quê?
(E com desdém) Para cada louco, uma mania...

DA POESIA COMO PARTILHA: SOBRE *TERCEIRO FILHO*, DE GENI GUIMARÃES

Terceiro filho foi o livro que apresentou ao mundo a poética de Geni Guimarães. Quando publicou a primeira edição da obra, em 1979, a escritora tinha pouco mais de trinta anos; Carolina Maria de Jesus nos havia deixado recentemente, e surgiam os *Cadernos Negros*. Quem era, naquele momento, Geni Guimarães? Nas palavras de Cacilda de Oliveira Camargo, que assina a apresentação da obra – então professora do Departamento de Letras da Universidade Estadual Paulista de Araraquara –, tratava-se de uma "nova artista ainda desconhecida do público das letras". Penúltima de nove filhos, Geni vivia em Barra Bonita, onde atuava como professora primária, criava os filhos e publicava textos literários em jornais da região. Seria preciso aguardar nove anos até que alcançasse a popularidade, com a publicação de *Leite do peito* (1988) – financiado pela Fundação Nestlé de Cultura, que decidira publicar o livro após a impactante apresentação, na IV Bienal Nestlé de Literatura Brasileira, daquela autora cujos poemas apareciam em importantes antologias (como *Axé – antologia contemporânea de poesia negra brasileira,* organizada por Paulo Colina, e *A razão da chama*, organizada por Oswaldo de Camargo); e o posterior reconhecimento da crítica, com *A cor da ternura* (1989), laureado com o Prêmio Jabuti.

Reunindo a juvenília de Geni Guimarães, *Terceiro filho* não deve ser lido, no entanto, como o mero registro de uma produção literária incipiente: em suas páginas, já estão nitidamente presentes os veios líricos que posteriormente desaguarão em *Da flor o afeto, da pedra o protesto* (1981), *Balé das emoções* (1993) e *Poemas do regresso*

(2020). Hoje podemos, por conseguinte, compreender esse livro como uma recolha consciente e deliberada de um conjunto de textos nos quais a autora descortinava as múltiplas potencialidades do seu estro, indiciando o espaço que viria a ocupar na tradição literária negra brasileira. A esse propósito, são particularmente significativos os sentidos encerrados no título concedido à obra: a alusão à maternidade enfatiza o processo de construção da poesia como resultante de uma relação com a alteridade, produzindo um ente que habitará o mundo, afetando aquelas pessoas que nele já vivem; para além disso, ressalta uma íntima relação do livro físico com a autora empírica. Tudo isso fica patente no "Agradecimento" que abre o volume, arrolando as presenças que determinaram a seleção dos versos, tanto no que diz respeito ao âmbito familiar ("meu amigo", "minha mãe", "meu pai", "meus filhos", "meu amor") quanto no que tange ao espaço de convívio social ("senhora de cortiço", "moleque de rua", "colega de trabalho", "meu excepcional" – termo utilizado, até os anos 1970, para designar pessoas com deficiência intelectual, devendo ser compreendido à luz desse contexto). Ao reconhecer a imprescindibilidade dessas presenças para a construção da poesia ("Não nasceria este livro se não existissem meus poemas, / Não existiriam meus poemas se não existissem vocês."), Geni Guimarães se afasta do modelo (pós-)romântico do poeta como um gênio cultor do solipsismo, para quem a produção literária resulta de um ato indissociável da afirmação soberana da individualidade. Ao reconhecer a impreterível participação de "outros" ou "outras" para a criação poética, Geni Guimarães expõe seu entendimento do texto lírico como resultado de um compartilhamento: a poesia nasce com o – ou a partir do – reconhecimento da(s) alteridade(s) que se relaciona(m) dialeticamente com a subjetividade criadora; e a figura do "terceiro filho" ressalta a presença, no corpo do poema, de elementos provenientes de todas as pessoas que possibilitaram o seu nascimento.

Não menos importante é perceber que, ao formular assim a sua concepção da criação poética, Geni Guimarães se configura de modo oposto à representação tradicional da "mãe preta", ou seja: a mulher negra escravizada, compulsoriamente apartada da própria prole, para dispensar cuidados às crianças brancas, em função dos interesses senhoriais. Pela via contrária, a "mãe poética" que encontramos em *Terceiro filho* jamais se afasta de sua prole: nela se reconhece, para ela projeta um futuro e dela cobra responsabilidades (como atestam os versos de "Você é responsável pelas alegrias que provoca").

Ao extrair sua matéria lírica do cotidiano, Geni Guimarães produz uma poesia que explora densamente motivos autobiográficos; não obstante, o já mencionado afastamento dos parâmetros (pós-)românticos enseja a construção de um registro memorialístico aberto às demandas da coletividade – sobretudo, racializada (leia-se "Palco da vida do crioulo pobre") e, não raro, generificada (como em "Para ser mulher") –, o que acentua a dimensão militante de sua obra. Desse modo, ao versar sobre si, o eu lírico guimaraniano traduz experiências de um vasto contingente de pessoas historicamente marginalizadas, condenadas à pobreza, oprimidas pelo racismo, pelo sexismo e pelo capacitismo. Se isso faz com que a voz lírica constantemente soe grave e pesarosa – porque disposta a acolher o mundo que de tantos modos a fere –, a possibilidade de transformação do mundo oferece um alento, através do amor (vejam-se os versos de "Quero que me entendam": "Apesar da constante tristeza dos versos, / Só falo verdades que a urbe insegura / Tranca, fecha, esconde, seja como for. / Mas todas essas coisas, tão velhas, eternas, / Eu respeito e conservo: / Meu ato de amor.";), que emerge como princípio fundamental para a revolução possível (como afirma a última estrofe de "Falando de amor": "Respiro amor. / É que ele tem sintoma de riso, / E o riso dá-me uma vontade imensa de amar. / Quero morrer de amor e continuar amando / Para ser eterna nos corações falidos, / Que não podem como eu querer até cansar.").

Mas *Terceiro filho* aborda muitas formas de amor, tangenciando os modos como as vivências amorosas são tematizadas por pensadoras negras: do amor como dedicação à alteridade ("Quero morrer de amor e continuar amando / Para ser eterna nos corações falidos, / Que não podem como eu querer até cansar.", versa o desfecho de "Falando de amor") até o autocuidado (isto afirma um dos vários poemas chamados "Reflexão": "Descansando, pensei que estivesse perdendo tempo. / Nesse meio tempo, vi que muito havia aproveitado o tempo, / porque falei comigo e acabei gostando muito mais de mim."); das incertezas quanto às possibilidades de realização amorosa ("De tão ferida a sensibilidade, / Nasceram-nos estranhos medos de amor. / Então procura-se um grande amor para a vida, / Para perdê-lo assim que se encontrar.", diz o eu lírico de "Palavras") ao sentimento de solidão que arrefece as esperanças (como afirma o terceto que encerra "Meu fadário": "Mas a esperança surge no meu viver / E diz-me que um dia virá quem tanto quero, / Então, descrente de esperança, espero...").

Usualmente pouco lembrados pela crítica, merecem destaque os diversos momentos em que a subjetividade poética guimaraniana vocaliza questionamentos metafísicos de notável radicalidade, indagando sobre a injustiça ou a indiferença divina (ilustrada por esta estrofe de "Céu jardim": "E sigo ávida entre as flores resplandecentes, / Como no espaço, seguem incertos os vagalumes, / Sem fé, sem pátria, meninos rebeldes e ateus. / E erguendo os braços, cansada, humildemente: / Eu paro e pergunto ao vazio nervosamente: / Deste jardim... em que canto estarás tu, meu Deus?") ou reclamando uma configuração particular da divindade ("Eu quero o Deus dos cegos, / Eu preciso do Deus dos conformados, / Eu reclamo o Deus dos imbecis!", lemos em "Busca"), o que ressoa em uma sensação de precariedade existencial (de "Crise": "Sou toda, completa crise, / Arranjo e desarranjo de uma mesa. / Sou lápide, rumo, desvio. / Posso ser um horizonte aberto, / Nu, incerto, frio.").

Por fim, julgo premente questionar as reiteradas observações acerca da "simplicidade" da dicção de Geni Guimarães. Embora prescinda do recurso a um vocabulário invulgar ou a preciosismos gramaticais, a autora de *Terceiro filho* transita por registros que remetem à tradição literária culta ("Orgulho", por exemplo, remete à lírica renascentista, não apenas no que diz respeito à forma) e estrutura sua dicção em modo ritmicamente magistral (veja-se o heterodoxo "Soneto para quem diz adeus"). Mais adequado, a meu ver, é ler o despojamento e a limpidez da escrita de Geni Guimarães como aspectos estilísticos de uma autora irrestritamente comprometida com a tarefa de construir uma tradução literária – portanto, atendendo às exigências estéticas – para suas vivências e verdades de mulher negra.

Henrique Marques Samyn
Escritor e Professor da Universidade do Estado do Rio de Janeiro
(UERJ)
Rio de Janeiro, 2022

Esta obra foi composta em Arno pro light 13 para a Editora Malê
e impressa na gráfica PSI em São Paulo em setembro de 2022.